嘻哈鳥 森林故事叢書

兒童正向教育繪本 ❻

小麻雀上學的第一天

何巧嬋　著

Kyra Chan　圖

作者 **何巧嬋**

何巧嬋，香港教育大學名譽院士、澳洲麥覺理大學（Macquarie University）教育碩士。曾任校長，現職作家、學校總監、香港教育大學客席講師。

主要公職包括多間學校校董、香港康樂及文化事務署及文學藝術專業顧問、香港兒童文藝協會前會長等。

何巧嬋，熱愛文學創作，致力推廣兒童閱讀，對兒童的成長和發展，有深刻的關注和認識。截至 2021 年為止，已出版的作品約一百八十多本。

繪者 **Kyra Chan**

從小愛幻想，喜歡看繪本，對書籍的誕生一直有着憧憬，於是在設計學院畢業後投身童書出版界。特別擅長繪畫調皮可愛的畫風，已出版的繪畫作品包括《我的旅遊手冊》系列、《親親幼兒經典童話》系列、《立體 DIY 動手玩繪本》系列、抗疫繪本《病毒壞蛋，消失吧！》等。

kyra.illust

給小讀者的話

今天是小麻雀吱吱和喳喳
開學的大日子。

小朋友，你知道鳥兒學校是怎樣的嗎？
牠們的課堂和你的一樣嗎？
快快打開這本故事書，
一起來看看。

差點兒忘記告訴你，
吱吱喳喳的同學有：
唧唧、啾啾、嘰嘰、咕咕……
鳥校園好熱鬧呀！

在遠遠的森林裏，
住着兩隻嘻哈鳥。

嘻嘻是姊姊，
哈哈是弟弟，
他們是森林小精靈，
幾乎知道森林裏所有的事情。

一夜好睡，
太陽伯伯伸了個大懶腰，
從黑漆漆的山後，回到天上，
散發出道道光芒⋯⋯
灑下了點點金光⋯⋯

山谷亮了，
小河亮了，
樹葉上露珠兒閃閃發亮，
早起的鳥兒放聲歌唱。

木棉樹上，
麻雀媽媽和爸爸的歌聲最響亮：

今天是個大日子，
今天是個好日子，
我們的寶寶，
吱吱和喳喳，
今天開學了！

開學了，吱吱和喳喳今天開學了！
飛呀飛，飛呀飛。
吱吱和喳喳
叼着小書包上學去。

地上的小動物抬頭往上看，
都為吱吱喳喳鼓掌打氣。
大象媽媽提醒說：
「小心，可不要把書包掉下來呀。」

小鳥學校在哪裏？

鳥兒把鳥巢築在樹上，
小鳥學校比鳥巢大得多，
築在深深的樹叢中。

音樂室

誰來當老師？

「當然是我們啦！」
嘻嘻和哈哈神氣地說。

森林小精靈，
幾乎知道森林所有的事情。

「老師，早晨！」
「新同學，歡迎你們呀！」嘻嘻老師說。
「看，同學都在歡迎你們呢！」
哈哈老師指指四周說。

哇，好多小麻雀呀！

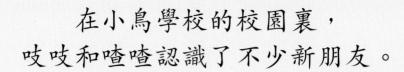

在小鳥學校的校園裏，
吱吱和喳喳認識了不少新朋友。

「新同學，你們叫
什麼名字呢？」

「我是木棉吱吱，
這是我的哥哥：木棉喳喳。」

「你們住在木棉樹，我們住在香柏樹。
我是香柏唧唧，這是我的姊姊：香柏啾啾。」
新朋友原來是一對鳥姊妹。

「我是白蘭嘰嘰。」

「我是洋紫荊咕咕。」

「我是紫薇嚶嚶。」……

吱吱、喳喳、唧唧、
啾啾、嘰嘰、咕咕、嚶嚶……
鳥校園好熱鬧啊！

小麻雀的名字很特別，
請聽嘻哈老師説一説：
「麻雀用他們居住的地方做姓氏，
名字卻是爸爸媽媽改的呀。」

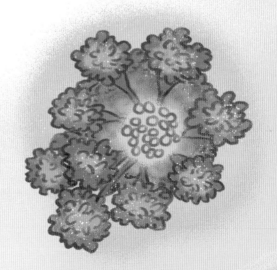

小朋友，
請你猜一猜，
嘰嘰、咕咕和嚶嚶，
他們住在哪裏呢？

每個名字都有特別的意思。
小朋友，你叫什麼名字呢？

上課了，
嘻哈老師張開今天上課的時間表。

時間表

真奇妙

愛運動

多有用

好動聽

小朋友，小鳥學校的時間表
跟你的一樣嗎？

（請在此頁貼上你的上課時間表）

我的姓名：＿＿＿＿＿＿＿＿＿

你猜猜小麻雀在學校裏學的是什麼？

真奇妙

小小麻雀，
美麗羽衣，
夏天涼快；
冬天暖和。

我們麻雀雖小，五臟俱全呀！

小小麻雀，
圓圓眼睛，
上下前後，
都看得清。

奇妙、奇妙！
小小麻雀，真是奇妙！

小麻雀，
雙腳短又短，
不走也不跑，
會跳會躍，
我們都是跳躍的好手。

小麻雀，
翅膀美又壯。

拍拍翅膀，
飛入林間，
拍拍翅膀，
飛到天上。

我們都是飛行的高手。

多有用

謝謝榕樹公公！

榕樹公公看見小麻雀，
高興地向他們招手：
「小麻雀，小麻雀，請過來，
小蟲爬在我身上，
又痕又癢呀，
送給你們做午餐！」

草莓姐姐看見小麻雀，
高興地向他們招手：
「小麻雀，小麻雀，請過來，
你看，我的果子多麼漂亮，
又紅又大，
又香又甜，
送給你們做午餐！」

小麻雀吃飽了，飛回天上去。

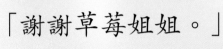

「謝謝草莓姐姐。」

草莓姐姐高聲説：
「小麻雀，請你把我的種子
送到遠方去。」

小麻雀點點頭。

「小麻雀，
請不要把你的便便落到
我的頭上來。」

地上的兔子說。

好動聽

小麻雀是森林的歌唱家。
「小麻雀,今天我們來唱一首新歌。」嘻嘻老師說。

「我也來和唱。」
清風呼呼，輕輕地和唱。

「我來當指揮。」
哈哈老師說。

「我來當伴奏。」
小溪淙淙、淙淙、淙淙……
慢慢淌流。

小麻雀愛唱歌，
小溪來伴奏，
清風來唱和。

小麻雀愛自由，
飛到東，飛到西，
不種也不收。

大地給我食糧；
天空讓我飛翔。
我要送你……
一首又一首，
快樂的歌！

太陽伯伯快要落到半山腰，
他為天空抹上了道道紅霞。

「是放學回家的時候了！」

「再見、再見，
明天再見呀！」

鳥爸爸鳥媽媽都來接放學，
吱吱和喳喳對爸媽說：
「學校真好玩！能多玩一會兒嗎？」
爸爸說：「明天吧！」

夜幕落下，
黑黑沉沉；
天上繁星點點。
木棉樹上的窩裏，
鳥兒在輕輕說話。

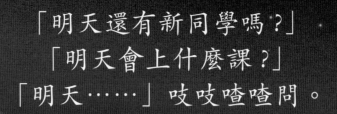

「明天還有新同學嗎？」
「明天會上什麼課？」
「明天……」吱吱喳喳問。

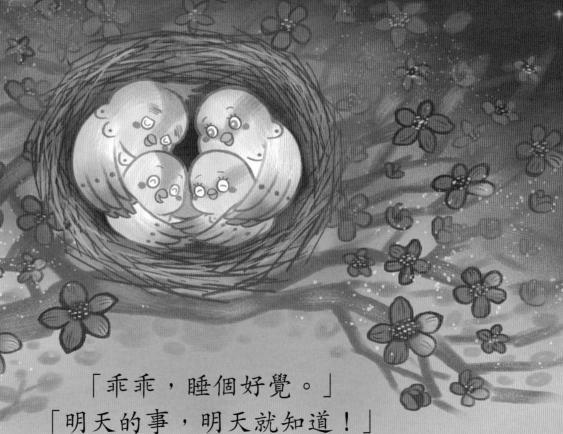

「乖乖，睡個好覺。」
「明天的事，明天就知道！」
爸爸媽媽溫柔地回答。

給伴讀者的話

　　第一天上學去，小朋友跨出成長重要的一步，離開家庭，擴闊生活圈子，結識新朋友，學習新知識和技能⋯⋯真不容易！

　　孩子各有特質，就如故事中的小麻雀住在不同的樹上，有着不同的名字，卻全是上天的寶貝，作者希望透過這個故事讓孩子學會自我肯定，在學校的生活裏，放下焦慮，根據自己的步伐，快樂學習，擁抱明天的盼望。

　　故事裏預留了空間，讓小讀者聯繫自己的學校生活，增加聯想，擴闊思維。

香港的常見鳥類

香港雖然地方小小，但這裏曾錄得的雀鳥已超過 560 種，相當於全中國野鳥數目的三分之一。

留鳥

喜鵲

小白鷺

全年在香港本地逗留及繁殖的鳥類。香港的雀鳥當中大約五分之一是留鳥，無論市區、郊野都可以找到。這個故事的主角小麻雀，就是香港的常見留鳥。

黑臉琵鷺

候鳥

隨季節進行遷徙的鳥類。這些雀鳥夏天在北方居住，由於北方冬天寒冷，牠們在入冬前就會飛到比較溫暖的南方過冬。

不少候鳥每年都會來香港度過冬天，又或途經香港作補給站，短暫停留後再往南飛。香港的米埔自然保護區便是重要的候鳥棲息地及中轉站。

黑翅長腳鷸

想知道更多香港鳥類的資料，可瀏覽漁農自然護理署香港濕地公園網頁：

嘻哈鳥森林故事叢書
兒童正向教育繪本 ❻

小麻雀上學的第一天

作　　者：何巧嬋
繪　　者：Kyra Chan
責任編輯：周詩韻
美術設計：Kyra Chan
出　　版：明窗出版社
發　　行：明報出版社有限公司
　　　　　香港柴灣嘉業街18號
　　　　　明報工業中心A座15樓
電　　話：2595 3215
傳　　真：2898 2646
網　　址：http://books.mingpao.com/
電子郵箱：mpp@mingpao.com
版　　次：二〇二二年四月初版
I S B N：978-988-8688-32-6
承　　印：美雅印刷製本有限公司